En mi comunidad

MIS AYUDANTES COMUNITARIOS

UN LIBRO DE EL SEMILLERO DE CRABTREE

De Taylor Farley
y
Pablo de la Vega

bombero

E 4
AIR-PAK

doctor

maestro

oficial de policía

2400
POLICE

bibliotecaria

FICTION

veterinaria

cartero

UNITED STATES
POSTAL SERVICE

electricista

alcalde

enfermeros

Glosario

alcalde: Un alcalde es el líder de una ciudad o pueblo. Los alcaldes usualmente son elegidos. Esto significa que la gente vota por ellos.

bibliotecario: Un bibliotecario es una persona encargada de una biblioteca. Un bibliotecario puede cuidar los libros de una biblioteca y ayudar a la gente a encontrar información.

bombero: Un bombero está entrenado para apagar o detener incendios. Los bomberos también rescatan a personas y animales de los incendios.

cartero: Un cartero es una persona cuyo trabajo es entregar y recoger el correo.

doctor: Un doctor es una persona entrenada para tratar a gente enferma o herida. Los doctores dan medicinas a las personas.

electricista: Un electricista es una persona entrenada para hacer y reparar equipamiento eléctrico. Pueden trabajar con cables eléctricos o con máquinas que usan electricidad.

enfermero: Un enfermero está entrenado para cuidar a la gente enferma o herida.

maestro: Un maestro es una persona cuyo trabajo es ayudar a los estudiantes a aprender cosas nuevas.

oficial de policía: Un oficial de policía es una persona cuyo trabajo es asegurarse de que la gente permanezca segura y obedezca las leyes. Las leyes son reglas hechas por el gobierno.

veterinario: Un veterinario es una persona entrenada para tratar animales enfermos o heridos.

Índice analítico

Apoyos de la escuela a los hogares para cuidadores y maestros

Los libros de El Semillero de Crabtree ayudan a los niños a crecer al permitirles practicar la lectura. Las siguientes son algunas preguntas de guía que ayudan a los lectores a construir sus habilidades de comprensión. Algunas posibles respuestas están incluidas.

Antes de leer

- ¿De qué piensas que tratará este libro? De qué piensas que tratará este libro? Pienso que este libro es sobre las personas que ayudan a otros. Veo un policía, un bombero, una enfermera, un cartero y una veterinaria en la tapa.
- ¿Qué quiero aprender sobre este tema? Quiero aprender acerca de los diferentes trabajos que la gente hace para ayudar a los demás.

Durante la lectura

- Me pregunto por qué... Me pregunto por qué el bombero carga un hacha.
- ¿Qué he aprendido hasta ahora? Aprendí que los doctores, los maestros, los bibliotecarios, los electricistas y los alcaldes ayudan a los demás.

Después de leer

- ¿Qué detalles aprendí de este tema? Aprendí que la gente depende de las demás personas que viven en su mismo pueblo o ciudad.
- Lee el libro de nuevo y busca las palabras del vocabulario. Veo la palabra ***bibliotecaria*** en la página 10 y la palabra ***electricista*** en la página 16. Las demás palabras del vocabulario están en las páginas 22 y 23.

Library and Archives Canada Cataloging-in-Publication Data

Title: Mis ayudantes comunitarios / de Taylor Farley y Pablo de la Vega.
Other titles: My town helpers. Spanish
Names: Farley, Taylor, author. | Vega, Pablo de la, translator.
Description: Series statement: En mi comunidad | Translation of: My town helpers. | Translated by Pablo de la Vega. | "Un libro de el semillero de Crabtree". | Includes index. | Text in Spanish.
Identifiers: Canadiana (print) 20210100869 | Canadiana (ebook) 20210100877 | ISBN 9781427131355 (hardcover) | ISBN 9781427131454 (softcover) | ISBN 9781427131539 (HTML) | ISBN 9781427135193 (read-along ebook)
Subjects: LCSH: Occupations—Juvenile literature.
Classification: LCC HF5381.2 .F3718 2021 | DDC j331.702—dc23

Library of Congress Cataloging-in-Publication Data

Available at the Library of Congress

Crabtree Publishing Company
www.crabtreebooks.com **1-800-387-7650**
Print book version produced jointly with Crabtree Publishing Company NY, USA

Written by Taylor Farley
Production coordinator and Prepress technician: Ken Wright
Print coordinator: Katherine Berti
Translation to Spanish: Pablo de la Vega
Edition in Spanish: Base Tres

U.S.A./022021/CG20201215

Image credits: people illustrations © Maciej Es; people illustration © tynyuk; cover and page 3 © Shutterstock.com /Digital Storm; cover and page 5 © Shutterstock.com/ Oksana Kuzmina; page 7 © Shutterstock.com /Rawpixel.com; cover and page 9 ©Shutterstock.com/Harry Hu; page 11 ©Shutterstock.com/ChameleonsEye; page 13 ©Shutterstock.com/Pressmaster; page © Shutterstock.com /15 Lucky Business; page 17 ©Shutterstock.com/Peter Titmuss; page 19 shutterstock.com/ Biserka Stojanovic; page 23 Shutterstock.com/ monkeybusinessimages; page 21 shutterstock.com/ shironosov

Published in Canada
Crabtree Publishing
616 Welland Ave.
St. Catharines, ON
L2M 5V6

Published in the United States
Crabtree Publishing
347 Fifth Ave
Suite 1402-145
New York, NY 10016

Published in the United Kingdom
Crabtree Publishing
Maritime House
Basin Road North, Hove
BN41 1WR

Published in Australia
Crabtree Publishing
Unit 3 – 5
Currumbin Court
Capalaba QLD 4157